JN418570

나의 숨결

詩集 1

나의 숨결

곽동일

이음과펼침

시인의 말

스물아홉. 첫 책을 냈던 시간. 용기 하나로 시도한 일이었다. 호랑이는 가죽을 남기고 사람은 이름을 남긴다는데, 이름 석 자를 세상에 남겼다는 의미로 뿌듯했다.

가끔 포털사이트에 검색하면 등록된 이름이 보인다. 한 귀퉁이에 서점에서 등록한 저자 소개를 찾았다. 직업이 시인으로 되어 있었다.

문득 그런 생각이 들었다. 내가 시인이었나? 시인이라면 시를 써야 하는가? 나는 그저 책을 한 권 낸 사람일 뿐인데 너무 거창하지 않나?

시간이 흘러 이제야 부여된 이름답게 시집을 내놓는다. 초등학생 시절 선생님 앞에서 발표했던 그 부끄러움이 20년이 지나 다시 느껴지지만 늘 그렇듯 용기로 걸음을 내딛는다.

사실 시인(詩人)보다 시인(是認)하는 사람이고 싶다. 시를 전문적으로 짓는 사람이기보다 세상을 있는 그대로 인정하는 사람이고 싶다. 그런 시인으로 남고자 했다.

그럴 수도 있지. 판단보다 이해로 부정보다 인정으로 살아가는 태도. 그것이 내가 붙잡고 싶은 삶이며 인생이며 그렇게 풀어낸 나만의 시다.

목차

시인의 말 4

가벼워져라 12
총싸움 13
의미 14
짝사랑과 고백 15
회사 16
정 17
부끄러움 18
오르라 저 끝까지 19
처음 20
하루의 무게 21
마침 22
비 내리는 날에 23

순환 24
제자리 25
솔직한 겨울 26
깨우침 27
개화 28
드물지 않게 29
뒤돌아보는 새를 보았는가 30
첫사랑 31
나무의 무게 32
몽당연필 33
나무집 36
각자의 입장 37
믿음 38
날개 39
말의 온도 40
거리주절 41
기다림 42
고독을 잊은 당신에게 43
기록 44
최선의 선택 45
기준 46
하루 47

운전 48
다시 시작 49
말의 선택 50
끝사랑 51
보고서 52
효율 53
시간의 가치 54
계단 55
최종본 56
우정 57
인생네컷 58
야근 59
우주 60
여행 61
당신은 무엇으로 기억되는가 62
사진 66
가난 67
이별 68
오늘을 빛으로 69
어느새 70
청춘 71
11월 11일 72

망각 73
이제사 돌아본다 74
커플링 75
빨래방 76
풍선 77
신호등 78
금선탈각 79
연탄 80
궁합 81
낚시터에서 82
낚시터에서2 83
둥지 84
작가의 시선 85
문턱 88
등대와 가로등 89
굴뚝 90
떠나는 당신 91
책꽂이 92
학창시절 93
눈 덮인 잎 94
돌담 덩굴 96
억겁의 인연 97

피어야 할 이유를 찾지 못한 당신에게 98
그럴 수도 있지 100
시인 101
속 빈 강정 102
꽃의 군집 103
주연과 조연 104
세월의 흔적 105
가시의 얼굴 106
계절의 태도 107
중력 108
행간 109
늦은 답장 110
연습 111
마지막 한 모금 112
방향키 113
이름표 114
배우자 116
증명서 118
일동 120
숨조차 과하지 않게 121
출판 122
처음에는 그랬다 124

가벼워져라

날기 위해 가벼워지고
가벼워지기 위해 덜고
덜기 위해 멈춘다

가벼움을 배워
놓아버리고
움직여라

덜어냄을 배워
고집을 버리고
아집을 버려라

멈춤을 배워
떠오르는 태양을 보고
갓길에 핀 꽃을 보라

한없이 멈추고
덜어내고
가벼워져라

총싸움

장난감 총을 들고
전쟁터처럼 뛰어다녔다

내가 쏜 총알이
아이의 목에 맞았다
아이가 울었다
나도 울었다

시뻘게진 목을 가리키며
화를 내는 아이의 할아버지
방구석에 숨어
지켜만 보았다

전쟁터에는
슬픔과 상처
후회만 쌓인다

어렸던 나에게도
당신에게도

의미

지도는
방향을 알려주지만
의미를 말해주지 않는다

의미는
헤매는 동안
생긴다

계획대로 가지 않는
예상과는 다른
길 위에서

이유를 묻고
속도를 낮추며
발걸음을 남긴다

도착이 아니라
그 사이에서
의미를 찾는다

짝사랑과 고백

짝사랑은
아무도 답하지 않는 질문을
매일 반복하고

고백은
대답이 없을지도 모를 질문을
밖으로 꺼내는 일이다

짝사랑은
잃을 것이 없다고 믿지만
고백은
잃을 것을 알고도 물러서지 않는다

짝사랑은 버팀이고
고백은 선택이다

선택이 어려운 청춘이
아무에게도 들리지 않은 마음을
전달하는 날이 오기를

회사

회사는
꿈을 주지 않는다

다만 꿈을 시험할
무대를 내어준다

남는 사람
떠나는 사람
끝까지 버텨
만들어 내는 사람

꿈을 꾸는 사람
꿈을 잊은 사람
꿈을 핑계로
오늘을 미루는 사람

그들이 만나
무대를 이루는 곳

정

가장 끈끈한 접착제
정(情)

초코파이의 마시멜로가
떨어진 둘을
하나로 붙이듯

시간이 흘러도
떼어내지 못한 말과
지우지 못한 마음이

서로를
같은 온도에
머물게 한다

쉽게 식지 않고
쉽게 마르지 않으며
쉽게 떨어지지 않는다

부끄러움

넓은 집에서
좁은 집으로
이사를 갔다

새 집에서
낡은 집으로
이사를 갔다

넓고 새로운 집보다
좁고 낡은 집이
부끄러워
늘 숨어 다녔다

돌아보면
낡은 아파트보다
내 안의 욕심이
더 부끄러웠는지도 모르겠다

오르라 저 끝까지

오르라
저 끝까지

번개가 몰아치고
홍수가 일어나
방주에 몸을 싣고
콩나무가 닿은 하늘이
무너진다 해도

오르라
저 끝까지

날개가 불에 타고
태양 마차가
추락한다 해도

오르라
저 끝까지

처음

비행기가 처음 날 때
전구가 처음 켜질 때
불이 처음 쓰일 때

익숙함을 만나기 전
생경함
어색함
서먹함
서투름
생소함

모두가 처음일 때
그때는 그랬지

지금도 그랬으면 좋겠다
처음인 것처럼
처음 만난 것처럼
처음 사랑한 것처럼

하루의 무게

하루가 무거운 날은
일이 많아서가 아니라
버티는 마음이 부족해서 그렇다

버티는 마음이 부족함은
인내가 없는 것이 아니라
즐겁지 않아서 그렇다

즐거운 마음이 없으면
늘 피곤하고
늘 좌절하고
늘 고민하고
늘 버겁다

하루를 가볍게 하는 것은
일의 문제가 아니라
마음 놓을 공간을
남기는 일이다

마침

일을 마치고
말을 마치고
몸도 마친다

마침의 끝에서
뒤를 돌아본다

닳아 없어지고
깎여 바스러지고
바래 희미해진다

끝에 이르러서야
낡은 신발이 눈에 띈다

우리는 인생에서
무엇을 남겼는가
그대는 만족하는가

비 내리는 날에

창문에 부딪힌 빗방울
누군가의 말처럼 두드린다

젖어드는 대지 가득
오래된 목마름이 채워지고

내일 피어오를
새싹들의 함성이
들려오는 듯하다

순환

바위 뒤로 몸을 뉘우면
그늘이 덮인다

밝은 빛이 진 곳에
어두운 빛이 떠오른다

시간을 견디고
사라짐을 건너
여전히 다시 돌아온다

제자리

제자리에 있는 것은
멈춰 있음이 아닌
애씀의 흔적

밀려나지 않고
흘러가지 않고
닳아 사라지지 않는다

스스로를 붙들고
오늘도 지켜낸다

솔직한 겨울

나눠진 창
추위를 뽐내며
아우성치는 시간

정직한 겨울은
숨기지 않는 차가움
투명한 고드름 위에
조용히 머무른다

떨어질 것을 알면서도
방울방울 맺히는
애씀은 어디에서 오는가

깨우침

손에서 태어난 소리
공간을 건너
다시 돌아온다

잠든 시간을 깨우고
단단한 껍질을 깨고
미몽에 휩싸인 인생을 깨우친다

퍼져가는 울림 속에
못 이긴 척
일어난다

개화

아직 피지 않은 꽃
뒷모습만
꽁꽁 싸매고

언제 만날까
기다림의 시간조차
즐겁다

스스로 일어나는 동안
기꺼워 웃는다

소리 없는 개화에
바람이 지난다

드물지 않게

물 한 방울의 힘을
아는 사람은 드물다

안다 하더라도
하는 사람은 드물다

한다 하더라도
오랜 사람은 드물다

드물지 않기에
오늘도
떨어진다

뒤돌아보는 새를 보았는가

비어 있는 공간
기억이 저물고
흔적조차 사라진다

온기 있던 자리
황량함에 밀려
싸늘해진다

머물렀던 곳은
돌아보지 않는다

뒤돌아보는 새가
어디 있던가
그런 새를 보았는가

첫사랑

누구나 한 번쯤
겪는다 말하는 성장통을
왜 아직도 안고 있나

잊지 못해서
놓지 못해서

그때의 껍질을
아직 벗지 못해서
그런 듯하다

나무의 무게

인생의 무게가 어떤지 알려면
나무에게 물어라

비바람을 버티고
눈폭풍을 견디며
뙤약볕을 인내한다

무엇이 삶을 지탱하는지
나무에게 물어라

아마도 나무는
웃음 대신
한 줄기 바람으로
말 대신
시원한 그늘로
대답하지 않을까

몽당연필

제 몸을 깎아내는 사람을 보면
우리는 희생이라 말한다

제 몸을 깎아내는 연필을 보면
당연하다고 말한다

허리가 굽어
꼽추가 될 때까지
버틴 사람은
존경받고

몽당연필이 될 때까지 쓰면
버려진다

그래서 버리지 못한다
나만의 몽당연필

한밤의 별

잠들지 않는 도시 위
심장 소리마저 느려지고
빛이 속도를 늦추고 기다릴 때
고요조차 잠드는 그 시간

침묵 속에서
깨어날 별을 준비하며
홀로 일어나라

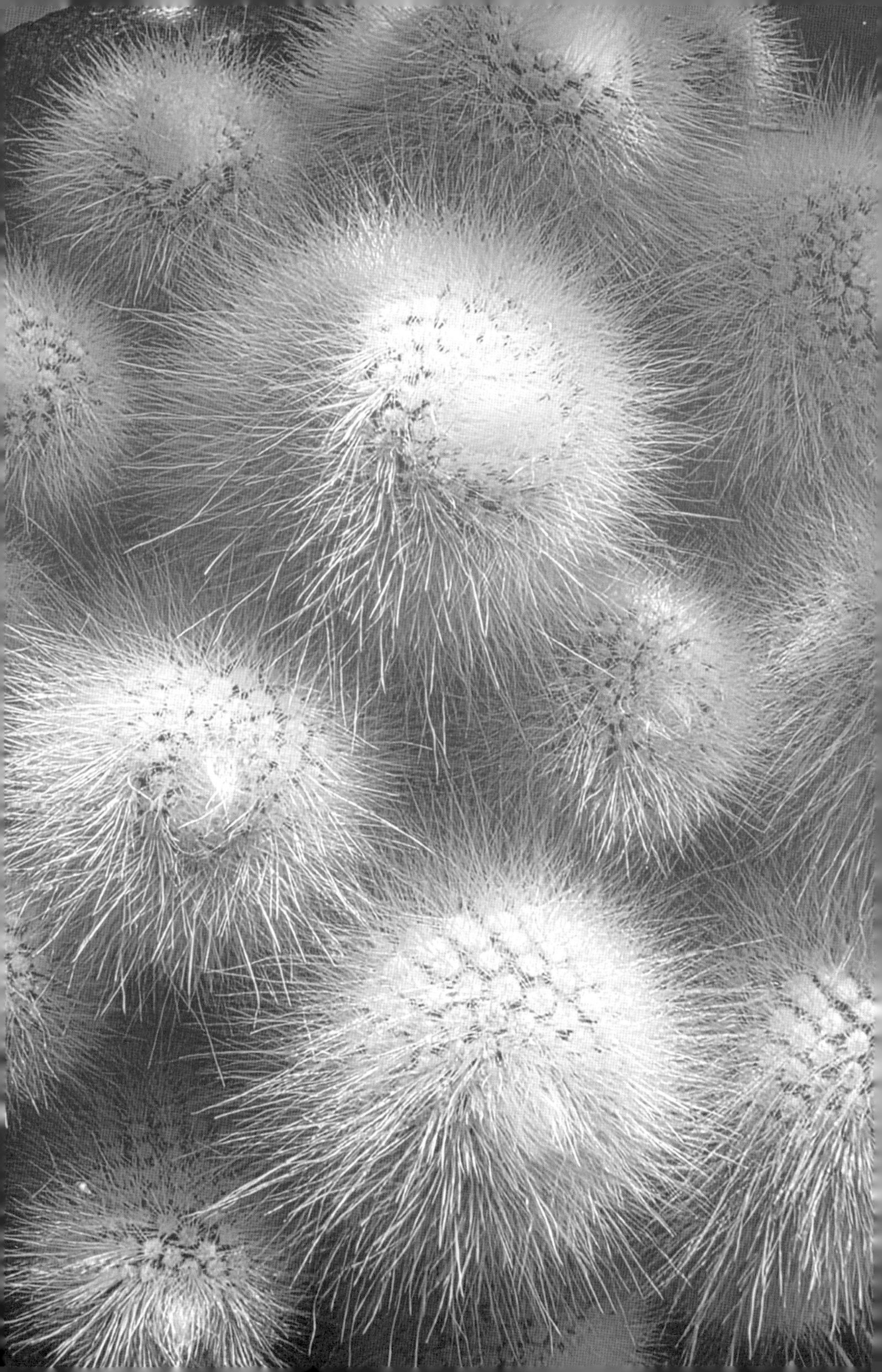

나무집

빼걱대는 바닥 위로
어디로 가는지 모를
개미가 지나간다

나도 모르게
그 뒤를 따른다

누가 세 들어 사는지
알 수 없는 이 집에서
잠시 머물다 간다

각자의 입장

토끼가 말한다
내게 날개가 있다면
온 하늘을 자유롭게 날아갈 거야

거북이가 말한다
내게 빠른 다리가 있다면
온 대지를 누비고 다닐 거야

독수리가 말한다
내게 지느러미가 있다면
온 바다를 헤엄칠 거야

현자가 말한다
내게 오늘이 있다면
그저 감사하며 살 거야

믿음

호랑이에게 필요한 건
무엇이었을까

시간이었을까
인내였을까
쑥이었을까

아니면
기다림을
끝까지 믿는 일이었을까

날개

공기는 움직이지만
날개는 흔들리지 않는다
균형이 먼저다

움직이는 것은 세상이고
그 안에서 우리는
균형을 맞춘다

속도는 나중이다
버팀이 우선이다

말의 온도

같은 말인데
어떤 날은 상처
어떤 날은 버팀

말은 변하지 않지만
사람의 온도가
그날을 바꾼다

인생은 선택이다
상처와 버팀 사이

거리조절

사람 사이의 거리는
멀어서 생기지 않는다

너무 쉽게
가까워졌을 때
되돌아갈 길이
사라진다

사면이 막히면
웅크리는 일밖에
남지 않음에

기다림

기다린다고
다 같은 기다림은 아니다

가야 할 쪽을 보는 사람과
가지 않아야 할 쪽을 붙든 사람은
서 있는 방향이 다르다

고독을 잊은 당신에게

고요를 미루는 사람에게
소음에 익숙해진 마음에게
침묵이 불편해진 시간에게
조용함을 견디지 못하는 당신에게
비워진 시간을 두려워하는 그대에게

아무도 부르지 않는 시간 속에서
순간을 즐기고

아무도 바라보지 않는 곳에서
흔들리지 않는 법을
다시 배워보라

길을 찾기 위해
애쓰지 말라
그저 스스로에게 돌아오라

기록

남기지 않은 하루는
없었던 것처럼
다시 시작된다

남겨야 할 하루가
여전히 우리를 기다린다

주인공이 될 기회를
놓치지 말라
기록의 권유를
외면하지 말라

최선의 선택

선택은
그 순간보다
다가올 시간에서 드러난다

최선은
결정할 때가 아니라
견딜 때 피어난다

선택 이후의 하루를
끝까지 살아내는 것
그것이
최선의 증명이다

기준

기준은
세우는 것이 아니라
버티는 것

흔들릴 때마다
다시 돌아올 수 있는
인생의 선 하나를
남기는 것

하루

비가 지나간 창에
빛이 머문다

지나간 시간은
형태를 바꿔
다시 눈앞에 선다

붙드는 잎 하나가
오늘을 버텨내듯

지나간 하루에도
삶이 있었음을

운전

무엇이 그렇게 급한지
바쁘면 어제 오지 그랬냐는
농담이 흐려질 때

짜증보다 양보로
신호 앞에 서고
서로를 위해
잠시 미소 짓는다

앞서 가는 것이
도착을 보장하지 않음을
깨닫는 가르침

다시 시작

다시 시작한다는 말은
대개
어제와 크게 다르지 않다

다만
포기하지 않았다는 점만
다르다

끝까지 남아 있는 사람은
대단해서가 아니라
도망치지 않았기 때문이다

말의 선택

하지 않은 말이
후회로 남을 때가 있고

하지 않은 말이
사람을 살릴 때도 있다

시간이 지나면
안 하는 편이 낫다는 생각
뒤돌아보니 그러하고
앞으로도 더 그러해야 한다는 생각

누구도 깨진 독을
붙일 수 없기에
그 흔적이 남기에

끝사랑

첫사랑은 추억에 담고
끝사랑은 기억에 담는다

추억은 돌이켜 생각하고
기억은 의식에 간직한다

지나고 보면 추억이기에
첫사랑은 지나간다

기억하는 만큼 살아왔기에
끝사랑은 삶이다
내게는 그대가 끝사랑이다

보고서

보고서는
사실보다
안심을 원한다

그래서
모든 문장이
둥글다

효율

효율을 따지기 시작하면
사람은 항목이 된다

우선순위가 있는 삶은
효율이 필요하다

효율 있는 삶에
배려가 빠지는 순간
부품이 되고

효율의 끝에는
대체 가능성만 남는다

우선순위 앞에
배려가 존재해야
따뜻한 효율

시간의 가치

시간을 돈으로 바꾸면
계산이 시작된다

되돌릴 수 없는 것이
하나 늘어난다

계단

위로 오를수록
숨이 차는 계단을
쉼 없이 올라간다

그래도
계단은
건너뛸 수 없다

내가 딛은 만큼
비로소
만들어지는 삶

최종본

최종본은
늘 임시다

최종은
끝이 아니라
시작과 맞닿아
매듭지어진다

우정

우정은
약속보다 시간으로 증명되고
이해보다 기다림으로 깊어진다

서로의 속도를 재촉하지 않고
같은 방향이 아니어도
같은 편으로 남는 것

굳이 설명하지 않아도
네 곁에 서겠다고
지켜주는 일

인생네컷

즐겁던 순간은
사진에 남고

버거운 순간은
지나간다

네 컷으로
담기지 않는 날들이
인생을 만든다

야근

불이 꺼진 건물에서
아직 켜진 창 하나

그 안에 남은 것은
열정일까
두려움일까

무엇이 그를 붙잡고 있는가

우주

천자문 속
집 우와 집 주

집과 집이 모여
우주가 된다는 가르침

광활함 속에서
머물 집은 어디인가

어디에서 빛나는가
무엇으로 살아가는가

여행

익숙함에서
한 발 비켜서는 일

처음 보는 거리
처음 듣는 언어
처음 먹는 맛

낯섦 앞에서
본래의 표정으로
돌아간다

당신은 무엇으로 기억되는가

어떻게 기억되고 싶은가

불리함을 알면서도
고개를 들며
넘어갈 수 있을 때
넘어가지 않고
선을 지키는 사람

편안한 침묵보다
불편한 진실을 택하고
말보다 태도로
설명되는 사람으로
남기를 택하는 사람

박수받지 않아도
부끄럽지 않은 선택을 하고
지나고 나면
이름이 아니라
사람으로 기억되는 것

나는 그런 삶을
살고 싶다

속도

빠른 것이
옳은 것처럼 보일 때
늦은 것은
설명을 잃는다

멈추지 않는 속노는
방향을 묻지 않는다

사진

지나가는 순간에
고개를 숙여라

모든 것을 담지 않기에
의미가 생긴다

기다리지 않음을 기다리고
적절한 간격을 정하라

꿈보다 해몽인 세상에서
무엇을 보여줄 것인가

순간을 포착하지 말고
증명하는 시간

가난

사소한 선택을
반복하는 외면

부족함이 익숙해져
습관이 된 흔적

끝내 남는 것은
참는 법
버티는 법
그리고 남겨진 슬픔

이별

너와 나의 시간이 달라
먼저 간 아이야

빈자리가 애달파
추억조차 걷지 못하네

여전히 미련이 남는 건
내 부족함이
끝내 놓지 못한 욕심이라

다시는 부르지 못하는
그 이름

오늘을 빛으로

수천 년의 시간이
숨결 속에 묻어
오늘이라는 포구에 닿으면

두 손을 꼭 붙잡고
찬란한 빛으로 새기리

어느새

세상에서 가장 빠른 새
어느새

어느 틈에 벌써
여기까지 왔는지

노을이 지는 시간이
안타까울 때
청춘이여 가는가

청춘

넘어질 것을 알면서도
속도를 줄이지 않고
상처를 입어도
다시 일어난다

미완이기에
더 많이 방황한다

흔들림마저
성장통이 되어
삶의 궤적이 되는

우리들의 청춘

11월 11일

상술이다
마케팅 전략이다
모두가 떠드는 날

그럼에도
잊지 않는 그 날

어찌 잊을까
모든 것이
시작된 그 날을
그 미소를

망각

덜 아프게 해주세요
몸이 아프면
병원에 가서
처방받은 약을 먹지

마음이 아프면
어디로 가는지
알려주는 사람이 없었지만

지금 돌아보면
시간이 처방해주는 약이
명약이더라

그만 기억하게 해주세요
그렇게 처방전을 기다린다

이제사 돌아본다

앞만 보느라
놓치고 지나온 것들이
뒤늦게 말을 건다

그때는 몰랐던 이유와
그때는 감당하지 못한 마음이
마음을 두들긴다

이제사 돌아보니
흘린 것들이
이리도 많다

커플링

서로를 묶는
인연의 실

시간이 지나
서로의 이유가 된다

사랑의 증표
돌아갈 곳
약속

닮아가는 표면만큼
함께 보낸 시간이
겹겹이 쌓인다

빨래방

돌아가는 통 안에
하루를 넣고

섞여도 상관없는 색처럼
서로의 사정은 묻지 않는다

기다림 끝에
깨끗해진 옷을 들고
각자의 주름으로 돌아간다

풍선

가볍게 떠오르지만
끈이 없으면
어디에도 머물지 못한다

자유는
붙잡을 때
방향이 된다

신호등

멈춤을 아는 사람만
건널 준비가 된다

서두르지 않는 기다림이
흐름을 이룬다

지나갈 때보다
멈출 때가
더 어렵다

금선탈각

벗겨지는 일은
아프다

그러나 남아 있으면
날 수 없다

상처는
변화의 흔적이다

금선탈각(金蟬脫殼) : 매미가 허물을 벗다는 뜻으로 삼십육계의 제21계

연탄

자기 몫을 남기지 않고
불태운다

하얗게 재만 남아
부서지는 인생

희생과 봉사는
연탄에게 배우라

궁합

좋을 때보다
나쁠 때를 살피고

기쁠 때보다
슬플 때를 살피고

편할 때보다
힘들 때를 살펴라

그게 전부다

낚시터에서

낚시대를 던지며
기도한다

물고기야
걸리지 마라
잡히지 마라
도망가라

내 생각만 건지고
돌아가마

낚시터에서2

잡지 못하는 날이
더 많다

기다리는 동안
생각이 정리된다

삶도
비슷하다

둥지

깃들이는 곳
사랑하는 곳
살아가는 곳
함께하는 곳

낳고
엮이고
떠나가는 곳

그렇게
다시 돌아오지 않는 곳

작가의 시선

말이 없는 곳을
끝까지 바라보는 일

지나치지 않고
서두르지 않는 일

설명이 없어도
찾아내는 일

익숙함 속에서도
생생하게 보는 일

나만의 능력

모든 것을
끝까지 들 필요는 없다
놓는 것도
능력이다

분수를 아는 것도
놓을 수 있는 것도
이를 구분하는 것도
능력이다

문턱

넘어가기 전
한 번 더
묻는 기회

오지 말라는 말도
오라는 말도
아니라는 듯

너와 나의 문턱이
필요한 시간

등대와 가로등

소년이여
야망을 가져라
등대가 말한다

장년이여
눈앞을 조심해라
가로등이 말한다

서 있는 자리부터 밝혀라
길은
그 다음 문제다

굴뚝

타는 시간의 끝
하늘에 칠해진 뿌연 연기

보내고 싶지 않은
마음이 들켜
하얗게 질린 하늘인가

아니 땐 굴뚝에
연기가 나던가
숨긴다고 숨겨지던가

떠나는 당신

떠나는 몸에게
남은 마음이
보내는 메아리

출발이 애타고
떠남에 말이 없네

그 사이에서
흔들리는 나를 뒤로하고
몸을 싣는 당신

발병 나지 말고
십리든 백리든
멀리 가기를

책꽂이

꽃이 시들기 전에
꽃꽂이를 만들고
책이 시들기 전에
책꽂이를 만들라

손이 탄 흔적이
손 타지 않은 흔적보다 많아질 때

읽은 책이
읽지 못한 책보다 많아질 때
만들어지는 꽂이를 위하여
오늘도

학창시절

정답보다
가능성이 많았던 시절

모른다는 말이
다음 질문이 되던 때

틀려도 괜찮던
그 시절의 자유가
돌아보니 성장이더라

자유와 성장을 날개 삼아
날아오니 지금이더라

눈 덮인 잎

머무르지 않으려
가벼워지고자 한다

가벼워지려
늘 떠날 준비를 한다

그러기에
날 선 솔잎조차
밀어내지 않고
받아낸다

서로가 기대어
무게를 나눈다

떠남을 알기에
버티고
사라질 줄 알기에
무너지지 않는

짧은 균형에서
서로를 지나가는 겨울

돌담 덩굴

말없는 담과
침묵의 돌 틈에

붙잡지 않아도
악착같이 따라와
사이를 비집는

오르지 못한 덩굴이
기억처럼 남는다

억겁의 인연

백 년에 한 번
바위산을 스친 깃털이
마침내
전부 닳아 사라질 때까지
이어지는 시간

그 시간을 건너
비로소 마주한 인연 앞에서
어찌
판단이 먼저일 수 있으랴

억겁의 흐름을 지나
우연처럼
끝내 이어진 그 인연을
그대는 어찌 하겠는가

피어야 할 이유를 찾지 못한 당신에게

피어야 할 이유를
끝내 찾지 못한 당신에게

세상은 늘 묻는다
왜 아직 거기 있느냐고
무엇이 될 것이냐고

그러나
꽃은 이유를 갖고
피어나지 않는다

아픔은 배경이 되고
상처는 굳은살이 된다

견디며 지나온 시간은
어느새 윤곽이 되고
끝내 무엇이 되려 애쓰지 않아도
이미 당신이 된다

피어야 할 이유를
잃어버린 사람들아

괜찮다
이유가 없어도
살아남은 것 자체가
이미 개화이니

그럴 수도 있지

그럴 수도 있지
입버릇처럼 하는 말
매번 새로이 다지는 말

인정하자
수긍하자
수용하자
감사하자
이만하길 다행이라 여기자

그럴 수도 있지
수십 번 수백 번
같은 다짐

스스로를 달래며
한 걸음 물러선다

시인

시 짓는 시인(詩人)이 있고
인정하는 시인(是認)이 있다

화살과 칼의 시인(矢刃)이 있고
장사를 하는 시인(市人)이 있다

시인은
시 짓고
내가 본 것을 인정하고
펜이 칼보다 강함을 증명하고
만들어 파는
그런 사람이지 않을까

속 빈 강정

이름만 있고
실질 없는 삶

한입 베어 물면
남는 건 소리뿐
허기는 여전하네

채우지 못한 하루가
후회로 베일 때
무엇으로
그 허기를 감추랴

꽃의 군집

꽃은 하나보다
여럿일 때 더 조용하다
서로를 가리지 않고
빛을 나눈다

화려함은
함께 있을 때 줄어든다
꽃이
그리고 우리가
함께 살아가는 방법

주연과 조연

나는
주연일까
조연일까

조연일 때도 있고
주연일 때도 있다

인생이라는 영화에서
빛나는 조연이 될 수도
고독한 주연이 될 수도
있는 거야
그런 거야

세월의 흔적

비가 지나간 시간
햇빛이 마른 곳

겹겹의 흔적이
살결이 된다

지워지지 않은 시간
나무를 나무로 만드는 세월

자신이 지나온
시간을 입고
오늘도 서 있는
나무의 껍질

가시의 얼굴

가시는
날을 세워
자신을 지켜낸다

가시덩굴이 얽혀
왕자의 앞길을 막고
마녀의 손에 쥐어질 때

누가
꽃이 연약하다 말했던가

계절의 태도

계절은
아무것도 가르치지 않는다
그저
드러낼 뿐이다

머무는 자리에서
자신이 무엇인지
숨김없이
남겨 놓는다

중력

떨어지는 일은
노력이 필요 없고

붙잡는 일은
언제나 힘들다

끝까지 붙들고 있는 사람만이
그 무게를 안다

나아감이
어려운 이유는
떨어짐을 붙잡고
걸어가야 하기 때문이다

행간

끝까지 읽었다고
믿는 사람은

말과 말 사이의
머묾을 모른다

이해는
그 공간을
이해하는 데서
시작한다

늦은 답장

한참이 지나
답장을 보낸다

무슨 말을 해야 할지
몰라서가 아니라

지금의 내가
답장에
조금 가까워졌기 때문이다

연습

괜찮은 척은
연습하면 늘지만

괜찮아지는 일은
연습으로 해결하기 어렵다

그래도
괜찮은 척 하다 보면
조금은 괜찮아지지 않을까

오늘도 연습한다
나쁘지 않았다
별 이상이 없었다

마지막 한 모금

마지막 한 모금을
남겨두는 사람

목이 마른 것보다
끝났다는 사실을
조금 늦게 받아들이고 싶은 마음

아직
다 마시지 못할 이유가
남아있는지
그 미련은 어디서 왔는지

방향키

방향키를 쥔 사람이
길을 안다는 착각

가끔은
선장에게 물어보자
우리는 지금
어디로 가고 있나요

이름표

이름표가 붙은 자리에는
언제나
의무가 생긴다

표정과 말투
정해진 역할
내게 달린 이름표

이름표를 떼는 순간
세상이
낯설어질 때

난
이름을 달고 살아온
사람이었다

오늘은
바람이
내 이름을
잠시 잊을 수 있도록
조금 빗겨 걸어간다

배우자

함께 산다는 것
같은 문을 열고
같은 신발장을 나선다

먼저 집에 들어오는 날
불을 끄는 날
서로 다르지만

냉장고 불 하나
현관 불 하나
끝내 함께 꺼야
하루가 끝난다

서로의 하루를
끝까지 들어주는 일이
함께 산다는 호흡임을
조금씩 배운다

눈을 맞추지 않고도
같은 방향으로 걷는 법을
조용히 익혀 가는 그 사람
배우자

증명서

영수증은
내가 산 물건을
요약한다

그렇다면
삶을 요약하는
증명서는
어디에 있는가

출생증은 있지만
출발증은 있는가
목표증은 있는가
인생증은 있는가

나만의 증명서는
어디에 남는가

묘비에
새겨질
그 한 줄이
삶의 증명서라면

무엇을
남길 것인가

일동

일동 차렷
구호 소리가
운동장을 가득 메운다

수천 명의 젊은이들이
한 자세로
숨을 맞춘다

같은 방향을 보고
같은 구호를 외치며
잠시
같은 사람이 된다

일동 차렷은 끝나도
하나 되었던 그 자리에
해산은 존재하지 않는다

숨조차 과하지 않게

많이 먹지 마라
체할라

많이 마시지 마라
취할라

많이 애쓰지 마라
지칠라

많이 움켜쥐지 마라
놓칠라

숨조차 과하지 마라
넘칠라

출판

책은
지우고
다시 쓰고
덜어낸 문장에서
남은 것만 묶인다

인쇄는
망설이는 시간을
고정하고

표지는
용기를 대신하여
세상 앞에 선다

그렇게 책은
저자의 손을 떠나
각자의 속도로
다시 쓰인다

출판이란
완벽해서 내놓는 일이 아니라
이만하면 괜찮다고
조심스레
놓아보는 일

처음에는 그랬다

처음에는 그랬다
무언가가 되어야 한다고 믿었고
커가면서 이름을 얻으면
나만의 자리가 생길 줄 알았다

지금은 그렇다
잘 살고 있다는 증명을 내놓기보다
지금 여기 서 있다는 사실을
있는 그대로 받아들이는 사람으로
부족함을 숨기기보다
버텨온 시간을
존중하는 사람으로
남고자 한다

처음에는 그랬다
지금도 가끔 그렇다
아마 앞으로도 그럴 것이다
그래도 괜찮다
그저 한 걸음씩만 나아가면 된다
나아가는 것만이
삶이니까

나의 숨결

초판 1쇄 발행 2026년 2월 3일

지은이 곽동일
펴낸이 권지현
펴낸곳 이음과펼침
책임편집 이음과펼침 편집부

출판등록 2025년 7월 21일 제2025-000129호
주소 서울시 서초구 양재동 392-3, 202B
이메일 connectnbloom@gmail.com
원고투고 connectnbloom@gmail.com
홈페이지 www.connectnbloom.com

ISBN 979-11-24329-00-9(03810)

· 가격은 뒤표지에 있습니다.

· 파본은 구입하신 서점에서 교환해 드립니다.